딩딩바이블 청소년 양육 시리즈

양육 2년차 2

가치관이 뭐야

| 이대희 지음 |

예즈덤성경교육원 편

엔크리스토

저자 이대희 목사

장로회신학대학교 신학대학원(M.Div)과 연세대학교 연합신학대학원(Th.M)을 졸업하고 에스라성경대학원대학교에서 성경학박사(D.Litt) 과정을 마쳤다. 예장총회교육자원부 연구원과 서울장신대 교수와 겸임교수를 역임했으며, 분당에 소재한 대안학교인 독수리 기독중고등학교에서 청소년에게 성경을 수년 동안 가르쳤다. 극동방송에서 〈알기 쉬운 성경공부〉 〈기독교 이해〉 〈크리스천 가이드〉 〈전도왕백서〉 〈습관칼럼〉 등 신앙양육 프로그램을 진행했다. 저자는 성경공부와 성경교육 전문사역자로 지난 25여 년 동안 성서사람·성서교회·성서한국·성서나라의 모토를 가지고 한국적 성경교육과 실천사역을 위한 집필과 세미나, 강의사역 등을 하고 있다. 현재 바이블미션 대표와 예즈덤성경교육원 원장, 꿈을주는교회 담임목사로 있다. 저서로는 『30분 성경공부』 시리즈, 『아름다운 십대 성경공부』 시리즈, 『투데이 성경공부』 시리즈, 『틴꿈십대 성경공부』 시리즈, 『인성과 창의력을 중시하는 유대인의 탈무드식 자녀교육법』, 『이야기대화식 성경연구』, 『성품성경공부』 시리즈, 『맛있는 성경공부』, 『맥잡는 기도』, 『전도왕백서』, 『자녀 축복 침상 기도문』, 『누구나 쉽게 배우는 쉬운 기도』, 『예즈덤 성경영재교육』, 『크리스천이여 습관부터 바꿔라』 등 200여 권의 저서가 있다.
e-mail: ckr9191@hanmail.net

딩딩바이블 청소년 양육 시리즈 가치관이 뭐야

초판1쇄 발행일 | 2014년 11월 7일

지은이 | 이대희
펴낸이 | 김학룡
펴낸곳 | 엔크리스토
마케팅 | 이동석, 오승호
관리부 | 김동인, 정동민, 신순영, 정재연, 한호연

출판등록 | 2004년 12월 8일(제2004-116호)
주 소 | 경기도 고양시 일산동구 장대길 74-10
전 화 | (031) 906-9191   팩 스 | (0505) 365-9191
이메일 | 9191@korea.com
공급처 | 기독교출판유통

ISBN 979-11-5594-013-6 04230

* 잘못된 책은 바꾸어 드립니다.
* 책값은 뒤표지에 있습니다.

* 이 교재의 사용방법·내용·교육·강의와 세미나에 대한 문의는 예즈덤성경교육원(02-403-0191, 010-2731-9078. http://cafe.naver.com/je66)으로 해주세요. 매주 월요일에 성경대학 지도자 훈련코스가 있습니다(개관반·책별반·주제반·성경영재교육반). 1년에 4학기(봄, 여름, 가을, 겨울)로 운영됩니다.

딩딩바이블 청소년 양육 시리즈를 펴내면서…

딩딩바이블은 그동안 10여 년 넘게 한국 교회 베스트 교재로 많은 사랑을 꾸준히 받아 온 〈아름다운 십대 성경공부〉 시리즈를 보완 발전시켜 새로운 모습으로 탄생된 청소년 양육 시리즈입니다. 지금 한국 교회는 다음 세대를 키우지 못하면 미래가 없습니다.

　다음 세대를 효과적으로 키우는 데 딩딩바이블 청소년 양육 시리즈는 크게 기여할 것입니다. 그동안 교회 안에서만 이루어졌던 말씀 교육을 발전시켜 가정, 학교, 생활(주일, 주말, 주간, 방학)을 통합하여 전인적인 교육을 이루는 데 초점을 두었습니다. 세상을 이기기 위해서는 부분보다 통합적, 지식보다 지혜 중심의 양육이 필요합니다.

　특히 청소년 시기는 인생과 신앙의 기초를 다져주는 아주 중요한 때입니다. 이때에 꼭 필요한 과정을 잘 양육하면 평생 승리하는 인생을 살 수 있습니다. 청소년들의 눈높이에 맞추어 흥미롭게, 간단하고 쉽게, 깊고 명료하게 삶의 실천을 염두에 두고 전체 내용을 구성했습니다. 5천 년 동안 성경교육으로 세계를 지배하고 있는 유대인의 성경 탈무드 교육보다 더 나은(마 5:20) 한국인에 맞는 복음적인 말씀양육 시리즈가 되길 기도합니다.

저자 이대희

•딩딩바이블 청소년 양육 시리즈 특징•

1. 말씀 중심이다 성경 구절을 찾는 인위적 공부방식에서 탈피하여 본문을 중심으로 성경 전체를 핵심구절로 연결하여 하나님의 본래 의도를 찾도록 구성되었습니다.

2. 흥미롭다 도입 부분을 십대들의 관심에 맞추어 흥미로운 만화와 삽화로 구성하여 시각적 효과를 높였습니다. 그림과 질문은 닫힌 마음을 열게 하는 효과가 있습니다.

3. 쉽다 성경공부를 설명식(헬라식)으로 하면 점점 어려워집니다. 그러나 본문 속에서 질문식(히브리식)으로 하면 누구나 쉽게 답할 수 있습니다. 교사가 일방적으로 주입하는 가르침이 아닌 본문의 말씀이 말하는 것을 듣는 방식으로 구성되었기에 교사와 학생이 모두 쉽게 공부할 수 있습니다. 내가 말씀을 보는 것이 아니라 말씀이 나를 보게 해야 합니다.

4. 단순하다 6개의 질문(관찰: 4개, 해석: 1개, 적용: 1개)으로 누구나 즐겁게 성경공부에 참여할 수 있습니다. 30분 내외의 분반 시간에 끝낼 수 있도록 구성했습니다. 상황에 따라 꼬리질문을 확장할 수 있습니다.

5. 깊다 깊은 질문으로 말씀의 은혜를 경험할 수 있고 시간이 갈수록 말씀 속으로 빠져듭니다. 해석 질문은 영혼의 깨달음을 갖게 합니다(보통 십대 교재는 해석질문이 없습니다. 여기서 대화를 통한 깊은 나눔을 할 수 있습니다).

6. 균형있다 십대에 필요한 핵심 주제와 다양한 양육영역(성경·복음·정체성·신앙·생활·인성·공부·인물·습관)을 골고루 제시하여 균형잡힌 신앙성장을 갖도록 했습니다.

7. 명료하다 현실적으로 짧은 성경공부 시간에 여러 가지 내용을 다룰 수 없기에 한 가지 핵심적인 내용을 명료하게 다루어 분반 공부 효과를 극대화 하도록 했습니다.

8. 공부도 해결한다 성경공부를 통해 신앙과 더불어 학교공부(사고력·논리력·분석력·집중력·분별력·상상력)도 함께 키울 수 있도록 구성되었습니다.

9. 다양하다 주5일근무제에 맞추어 주일 분반공부, 토요주말학교, 가족밥상머리교육, 제
   자훈련 등 다양하게 사용할 수 있습니다.

10. 전인적이다 주일 하루만 하는 교육이 아니라 가정, 교회, 학교와 주일, 주말, 주간, 방
    학, 성인식을 통합하여 전 삶의 차원에서 적용할 수 있는 양육과정입니다.

•성경공부 진행 방법•

🙂 **마음열기** 시작하기 전에 그림과 만화를 통해 공부할 주제를 기대감과 흥미를 갖게
   합니다.

🙂 **말씀과 소통하기** 오늘 성경본문에 대한 네 가지 질문을 하면서 본문과 소통을 합니다.

🔵 **포인트** 해당 본문의 핵심을 간단하게 정리해 줍니다.

🙂 **말씀과 공감하기** 본문 말씀 내용 중에 생각해야 할 문제를 관계된 다른 성경구절
   (말씀Tip)을 통하여 깊은 깨달음을 얻도록 돕는 과정입니다.

🙂 **삶에 실행하기** 깨달은 말씀의 교훈을 개인의 삶에 적용합니다.

🙂 **실천을 위한 Tip** 삶 속에서 실천할 수 있도록 구체적인 지침을 제공합니다.

|교회와 가정과 학교(주일·주말·주간·방학)를 통합한 1318 전인교육|

•딩딩바이블 청소년 양육 시리즈 전체 양육과정표•

중·고등부 6년 과정에 맞추어 4개 코스로 구성되었습니다. 양육 코스는 3년, 심화
코스는 3년, 성장 코스는 자유롭게 사용하도록 구성했습니다.
이것은 주간에 자기 주도적으로 습관화 하는 과정입니다. 성숙 코스는 방학에 사용
하는 캠프용과 십대과정을 마무리하는 성인식이 있습니다.
'복음 코스'와 '성경 코스'는 교사와 학생이 공통으로 할 수 있는 특별과정입니다.

| 양육 코스 |

구분	코스	영역		1년차	2년차	3년차
주일	양육	1	복음	예수십대	복음뼈대	신앙원리
		2	정체성	나는 누구야	가치관이 뭐야	비전이 뭐야
		3	신앙	왜 믿니?	왜 사니?	왜 교회 나가니?
		4	생활	십대를 창조하라	유혹을 이겨라	세상을 리드하라

| 심화 코스 |

구분	코스	영역		1년차	2년차	3년차
주일 (주말)	심화	1	Q.A	신앙이 궁금해	교리가 궁금해	성경이 궁금해
		2	인성	인간관계 어떻게?	중독탈출 어떻게?	창의인성 어떻게?
		3	공부	공부법 정복하기	학교공부 뛰어넘기	인생공부 따라잡기
		4	인물	하나님人	예수人	성령人

| 성장 코스(자기주도 코스) |

구분	코스	영역		1년차	2년차	3년차
주일 (주말, 주간)	자기 주도	1	영성	말씀생활 읽기, 암송, 큐티	기도생활 기도, 대화	전도생활 증거, 모범
		2	습관	생활습관 음식, 수면, 운동	공부습관 공부, 시간, 플래닝	태도습관 태도, 성품

| 성숙 코스(마무리 코스) |

구분	코스	영역		1년차	2년차	3년차
방학	캠프	1	영재	신앙과 공부를 함께 해결하는 크리스천 영재 캠프 (3박4일)		
전체	성인식	2	전인	중등부·고등부 (성인식 통과의례 1, 2) - 예수사람 만들기		

• 복음 코스(교사와 학생 공통) •

구분	코스	영역	공통과정
모든 세대	복음	새신자	한눈으로 보는 복음 이야기 (새신자 양육)
		불신자	세상에서 가장 복된 소식 당신은 아십니까? (대화식 전도지)

• 성경 코스(교사와 학생 공통) •

구분	코스	영역	공통과정
모든 세대	성경	구약	단숨에 꿰뚫는 구약성경관통
		신약	단숨에 꿰뚫는 신약성경관통

차례

평생을 결정하는 가치관

십대에 가치관을 바르게 세우는 것은 매우 중요합니다. 십대는 가치관에 대한 혼란을 겪기도 하지만 그 시기에 가치관을 정립하기도 합니다. 가치관은 옳고 그름에 대한 분별력을 갖는 데 가치 기준을 제공합니다. 십대의 시기에 올바른 가치관을 갖추어야 합니다.

특히 성경적인 가치관을 갖는 것은 무엇보다도 중요합니다. 이것은 빠를수록 좋습니다. 왜냐하면 십대의 삶은 가치관에 따라 달라지기 때문입니다. 어떤 가치관을 가지고 있는가는 우리 삶의 방향을 정하는 나침반과 같습니다. 성경적인 가치관을 갖지 못하면 세상적인 기준으로 살아가기 때문입니다.

세상적인 가치관을 가지면 자칫 인생이 불행해질 수 있고 하나님을 거부하는 방향으로 흘러 불신의 세계에 이를 수 있습니다.

너에게 가장 중요한 것은 뭐야?

잘못된 가치관은 우리를 병들게 하고 결국은 파멸로 이끕니다.

세상과 인간과 자연을 어떤 관점에서 바라보며 살아야 하는지 공부하고 성경을 통해 가치관을 정립하고 진리의 삶을 산다면 어떤 상황에서도 자유하는 삶을 살 수 있습니다.

간음하지 말라, 살인하지 말라, 도둑질하지 말라, 탐내지 말라 한 것과 그 외에 다른 계명이 있을지라도 네 이웃을 네 자신과 같이 사랑하라 하신 그 말씀 가운데 다 들었느니라 사랑은 이웃에게 악을 행하지 아니하나니 그러므로 사랑은 율법의 완성이니라(롬 13:9-10)

01

약속 좀 지켜

🙂 마음열기

1. 이 세상은 약속과 약속이 만나 하나의 사회를 이루고 있습니다. 작은 것
   부터 큰 것까지 서로의 약속을 믿는 신뢰로 모든 것이 운행됩니다. 그러나
   이 약속이 깨지는 경우가 많은데 어떤 내용인지 그림을 보고 이야기해 보
   십시오.

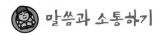 말씀과 소통하기

• 창세기 15:1-6을 읽으세요.

1 이 후에 여호와의 말씀이 환상 중에 아브람에게 임하여 이르시되 아
  브람아 두려워하지 말라 나는 네 방패요 너의 지극히 큰 상급이니라
2 아브람이 이르되 주 여호와여 무엇을 내게 주시려 하나이까 나는 자
  식이 없사오니 나의 상속자는 이 다메섹 사람 엘리에셀이니이다
3 아브람이 또 이르되 주께서 내게 씨를 주지 아니하셨으니 내 집에서
  길린 자가 내 상속자가 될 것이니이다
4 여호와의 말씀이 그에게 임하여 이르시되 그 사람이 네 상속자가 아
  니라 네 몸에서 날 자가 네 상속자가 되리라 하시고
5 그를 이끌고 밖으로 나가 이르시되 하늘을 우러러 뭇별을 셀 수 있나
  보라 또 그에게 이르시되 네 자손이 이와 같으리라
6 아브람이 여호와를 믿으니 여호와께서 이를 그의 의로 여기시고

1. 아브람이 환상 가운데 하나님께 받은 말씀은 무엇입니까?(1)

2. 현재 아브람에게 닥친 큰 고민은 무엇입니까?(2-3)

3. 하나님은 아브람에게 누가 상속자가 될 거라고 말씀하셨습니까? 무엇을
   예로 들면서 말씀하셨습니까?(4-5)

4. 아브람은 하나님의 약속에 어떻게 반응했습니까? 그것을 보시고 하나님
   은 아브람을 어떻게 인정해 주셨습니까?(6)

•POINT•

그리스도인은 자기 생각이 아니라 하나님의 말씀을 믿고 사는 사람입니다. 내가 사
는 것이 아니라 내 안에 그리스도께서 사시는 것입니다(갈 2:20). 옛사람은 자기 생
각대로 살지만 새 사람은 하나님의 말씀에 순종하며 사는 사람입니다.

말씀과 공감하기

1. 아브람은 10년이 지나도 아들이 없자 자기 종인 엘리에셀을 상속자로 삼
   으려고 했습니다. 하나님은 왜 이때까지 아들을 안 주시고 계속 약속만
   하셨을까요? 성령의 열매와 연관 지어 그 이유를 이야기해 보십시오.(참고,
   갈 5:22-23, 민 23:19)

오직 성령의 열매는 사랑과 희락과 화평과 오래 참음과 자비와 양선과 충성과
온유와 절제니 이같은 것을 금지할 법이 없느니라(갈 5:22-23)

하나님은 사람이 아니시니 거짓말을 하지 않으시고 인생이 아니시니 후회가 없
으시도다 어찌 그 말씀하신 바를 행하지 않으시며 하신 말씀을 실행하지 않으시
라(민 23:19)

삶에 실행하기

1. 신앙은 약속을 믿고 따르는 것입니다. 왜 약속을 지키는 것이 어려운지
   그 이유를 이야기해 보십시오. 나는 어떤 경우에 약속을 어깁니까?

실천을 위한 Tip

나의 약속 점수는 얼마인가요?

1. 나는 하나님께 한 약속, 그리고 이웃과 한 약속을 얼마나 잘 지킵
   니까?
   - 나는 약속 시간 10분 전에 도착한다.(예, 아니요)
   - 나는 입으로 한 약속을 어떻게 지키는가?
     (당장 실행한다. 마감 시간까지 미룬다. 잊어버린다.)
   - 나는 기도한 대로 삶에서 실행하는가?(예, 아니요, 가끔)

2. 잘 실천하지 못한다면 그 이유는 무엇입니까?

02

두 가지 핵심

 마음열기

나의 1순위는?

1. 다음 질문에 답해 보세요.

"가장 중요한 것"

질문 1. 이 세상에서 가장 중요한 것은 무엇입니까?

질문 2. 사람에게서 가장 중요한 것은 무엇입니까?

질문 3. 그리스도인에게 가장 중요한 것은 무엇입니까?

질문 4. 현재 나에게 가장 중요한 것은 무엇입니까?

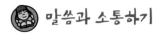

말씀과 소통하기

• 마가복음 12:28-34을 읽으세요.

28 서기관 중 한 사람이 그들이 변론하는 것을 듣고 예수께서 잘 대답
   하신 줄을 알고 나아와 묻되 모든 계명 중에 첫째가 무엇이니이까

29 예수께서 대답하시되 첫째는 이것이니 이스라엘아 들으라 주 곧 우
   리 하나님은 유일한 주시라

30 네 마음을 다하고 목숨을 다하고 뜻을 다하고 힘을 다하여 주 너의
   하나님을 사랑하라 하신 것이요

31 둘째는 이것이니 네 이웃을 네 자신과 같이 사랑하라 하신 것이라
   이보다 더 큰 계명이 없느니라

32 서기관이 이르되 선생님이여 옳소이다 하나님은 한 분이시요 그 외
   에 다른 이가 없다 하신 말씀이 참이니이다

33 또 마음을 다하고 지혜를 다하고 힘을 다하여 하나님을 사랑하는
   것과 또 이웃을 자기 자신과 같이 사랑하는 것이 전체로 드리는 모
   든 번제물과 기타 제물보다 나으니이다

34 예수께서 그가 지혜 있게 대답함을 보시고 이르시되 네가 하나님의
   나라에서 멀지 않도다 하시니 그 후에 감히 묻는 자가 없더라

1. 서기관은 예수님께 무엇을 질문했습니까?(28)

2. 예수님이 대답하신 말씀에서 첫째와 둘째로 중요한 것은 무엇입니까?(29-
   31)

3. 서기관은 예수님의 대답을 듣고 다시 요약하여 정리하고 있는데 그 내용
   은 무엇입니까?(32-33)

4. 서기관의 지혜로운 대답을 듣고 예수님은 어떤 칭찬을 하였습니까?(34)

•POINT•

인생을 잘 살기 위해서는 문제의 핵심을 잘 알아야 중요합니다. 그래야 오늘 죽어도
후회가 없습니다. 하루를 살아갈 때도 이것은 적용됩니다. 이것이 무엇일까요? 그것
은 하나님과 인간을 사랑하는 일입니다. 모든 것을 '사랑'을 중심으로 행한다면 지혜
롭게 살 수 있습니다.

말씀과 공감하기

1. 성경에 나와 있는 계명은 크게 두 가지로 요약되는데 그것이 무엇인지 말
   해 보고, 이렇게 두 가지로 요약한 이유를 생각해 보십시오. 두 가지를 다
   시 하나로 요약하면 그것은 무엇입니까?(참고, 롬 13:9-10, 고전 13:13)

간음하지 말라, 살인하지 말라, 도둑질하지 말라, 탐내지 말라 한 것과 그 외에
다른 계명이 있을지라도 네 이웃을 네 자신과 같이 사랑하라 하신 그 말씀 가운
데 다 들었느니라 사랑은 이웃에게 악을 행하지 아니하나니 그러므로 사랑은 율
법의 완성이니라(롬 13:9-10)

그런즉 믿음, 소망, 사랑, 이 세 가지는 항상 있을 것인데 그 중의 제일은 사랑이
라(고전 13:13)

삶에 실행하기

1. 하나님을 사랑하는 구체적인 예를 들어 보십시오. 이번 주간에 하나님과 이웃을 사랑할 수 있는 일이 무엇인지 말해 보십시오.

하나님에 대해서	이웃에 대해서

실천을 위한 Tip

한 주간을 사랑하며 살아요

- 하나님을 사랑하는 일
  - 예배 시간을 지키고 진실한 마음으로 드리자 / 어떻게?
  - 말씀과 기도를 통해 친밀하게 교제하자 / 언제?
  - 주님을 이웃에게 전하자 / 누구에게?

- 이웃을 사랑하는 일
  - 다른 사람을 배려하자 / 어떻게?
  - 부모님의 말씀에 경청하자 / 언제?
  - 다른 친구들에게 유익을 주는 일을 하자 / 무엇으로?

03

장애물을 통과하라

 마음열기

1. 현재 나의 공부 방법을 말해 보고 어떤 과목이 어려운지 그 이유를 이야
   기해 보십시오.

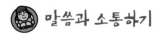

말씀과 소통하기

• 여호수아 6:1-9을 읽으세요.

1 이스라엘 자손들로 말미암아 여리고는 굳게 닫혔고 출입하는 자가 없더라

2 여호와께서 여호수아에게 이르시되 보라 내가 여리고와 그 왕과 용사들을 네 손에 넘겨 주었으니

3 너희 모든 군사는 그 성을 둘러 성 주위를 매일 한 번씩 돌되 엿새 동안을 그리하라

4 제사장 일곱은 일곱 양각 나팔을 잡고 언약궤 앞에서 나아갈 것이요 일곱째 날에는 그 성을 일곱 번 돌며 그 제사장들은 나팔을 불 것이며

5 제사장들이 양각 나팔을 길게 불어 그 나팔 소리가 너희에게 들릴 때에는 백성은 다 큰 소리로 외쳐 부를 것이라 그리하면 그 성벽이 무너져 내리리니 백성은 각기 앞으로 올라갈지니라 하시매

6 눈의 아들 여호수아가 제사장들을 불러 그들에게 이르되 너희는 언약궤를 메고 제사장 일곱은 양각 나팔 일곱을 잡고 여호와의 궤 앞에서 나아가라 하고

7 또 백성에게 이르되 나아가서 그 성을 돌되 무장한 자들이 여호와의 궤 앞에서 나아갈지니라 하니라

8 여호수아가 백성에게 이르기를 마치매 제사장 일곱은 양각 나팔 일곱을 잡고 여호와 앞에서 나아가며 나팔을 불고 여호와의 언약궤는 그 뒤를 따르며

9 그 무장한 자들은 나팔 부는 제사장들 앞에서 행진하며 후군은 궤 뒤를 따르고 제사장들은 나팔을 불며 행진하더라

1. 하나님은 여호수아가 여리고 성을 함락하기 전에 어떤 약속의 말씀을 주셨습니까?(1-2)

2. 하나님은 이스라엘 백성에게 여리고 성을 어떻게 함락하라고 하셨습니까? 그 구체적인 방법을 이야기해 보십시오.(3-5)

3. 여호수아는 하나님의 말씀을 어떻게 백성에게 전했습니까?(6-7)

4. 백성은 여호수아의 말을 듣고 어떻게 했습니까?(8-9)

•POINT•

이 세상의 삶은 평탄하지 않습니다. 늘 넘어야 할 장애물이 있습니다. 인간의 힘만으로는 이것을 이기기가 어렵습니다. 하나님의 도우심이 필요합니다. 우리는 하나님께 도움을 구하면서 점점 겸손하게 됩니다. 오히려 장애물을 통해 하나님에 대한 믿음이 커집니다.

말씀과 공감하기

1. 이스라엘 백성은 여리고 성을 함락하기 위해 세상적인 전쟁 방법을 따르지 않고 언약궤를 메고 행진했습니다. 이것이 주는 영적 교훈은 무엇입니까?(참고, 요일 5:3-4, 대상 14:15)

하나님을 사랑하는 것은 이것이니 우리가 그의 계명들을 지키는 것이라 그의 계명들은 무거운 것이 아니로다 무릇 하나님께로부터 난 자마다 세상을 이기느니라 세상을 이기는 승리는 이것이니 우리의 믿음이니라(요일 5:3-4)

뽕나무 꼭대기에서 걸음 걷는 소리가 들리거든 곧 나가서 싸우라 너보다 하나님이 앞서 나아가서 블레셋 사람들의 군대를 치리라 하신지라(대상 14:15)

삶에 실행하기

1. 현재 나를 가장 힘들게 하는 장애물은 무엇이며, 오늘 내가 넘어야 하고
   정복해야 할 여리고 성은 무엇입니까?

실천을 위한 Tip

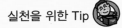 *성경구절을 한 주간 암송하십시오*

- 두려움이 생길 때
  내가 네게 명령한 것이 아니냐 강하고 담대하라 두려워하지 말며 놀라지
  말라 네가 어디로 가든지 네 하나님 여호와가 너와 함께 하느니라 하시
  니라(수 1:9)

- 낙심할 때
  내 영혼아 네가 어찌하여 낙심하며 어찌하여 내 속에서 불안해 하는가
  너는 하나님께 소망을 두라 그가 나타나 도우심으로 말미암아 내가 여전
  히 찬송하리로다(시 42:5)

04

믿고 싶지만

🙂 마음열기

1. 브레인스토밍(brainstorming, 어떤 주제에 대해 자유로운 발언을 통해 창조적
   인 생각을 찾는 일)을 통해 한 사람씩 자유롭게 신앙 생활을 하면서 잘 이
   해되지 않는 것들을 이야기해 보십시오. 브레인스토밍이 끝나면 모두가
   합의하여 최종적인 세 가지를 선정하여 적으십시오.

   1)

   2)

   3)

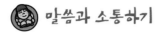 **말씀과 소통하기**

• 여호수아 3:7-13을 읽으세요.

7 여호와께서 여호수아에게 이르시되 내가 오늘부터 시작하여 너를 온 이스라엘의 목전에서 크게 하여 내가 모세와 함께 있었던 것 같이 너와 함께 있는 것을 그들이 알게 하리라

8 너는 언약궤를 멘 제사장들에게 명령하여 이르기를 너희가 요단 물 가에 이르거든 요단에 들어서라 하라

9 여호수아가 이스라엘 자손에게 이르되 이리 와서 너희의 하나님 여호와의 말씀을 들으라 하고

10 또 말하되 살아 계신 하나님이 너희 가운데에 계시사 가나안 족속과 헷 족속과 히위 족속과 브리스 족속과 기르가스 족속과 아모리 족속과 여부스 족속을 너희 앞에서 반드시 쫓아내실 줄을 이것으로서 너희가 알리라

11 보라 온 땅의 주의 언약궤가 너희 앞에서 요단을 건너가나니

12 이제 이스라엘 지파 중에서 각 지파에 한 사람씩 열두 명을 택하라

13 온 땅의 주 여호와의 궤를 멘 제사장들의 발바닥이 요단 물을 밟고 멈추면 요단 물 곧 위에서부터 흘러내리던 물이 끊어지고 한 곳에 쌓여 서리라

1. 하나님은 여호수아에게 무엇을 알게 하겠다고 말씀하셨습니까?(7)

2. 그 방법으로 무엇을 명하셨습니까?(8)

3. 본문에 나타난 하나님의 모습은 무엇입니까?(9-10)

4. 하나님이 이스라엘 백성에게 명하신 것은 무엇입니까? 하나님이 명하신
   그대로 행하면 어떤 일이 벌어진다고 말씀하셨습니까?(11-13)

•POINT•

모든 일은 믿음에 따른 것이어야 합니다. 내가 아니라 하나님의 약속이 출발점이 되
어야 합니다. 그렇지 않으면 열심히 하고서도 이룬 것 없이 모두 사라지고 맙니다. 오
직 말씀에 순종한 삶만이 영원한 가치가 있습니다.

말씀과 공감하기

1. 하나님의 축복과 기적을 경험하기 위해서 어떤 조건이 먼저 선행되어야
   합니까?(참고, 막 9:23, 신 28:1-2, 빌 4:13)

예수께서 이르시되 할 수 있거든이 무슨 말이냐 믿는 자에게는 능히 하지 못할
일이 없느니라 하시니(막 9:23)

네가 네 하나님 여호와의 말씀을 삼가 듣고 내가 오늘 네게 명령하는 그의 모든
명령을 지켜 행하면 네 하나님 여호와께서 너를 세계 모든 민족 위에 뛰어나게
하실 것이라 네가 네 하나님 여호와의 말씀을 청종하면 이 모든 복이 네게 임하
며 네게 이르리니(신 28:1-2)

내게 능력 주시는 자 안에서 내가 모든 것을 할 수 있느니라(빌 4:13)

삶에 실행하기

1. 현재 내가 말씀대로 실천하지 못하는 것이 있다면 무엇인지 말해 보십시오. 내가 왜 그것을 못하는지 그 이유를 찾아 보십시오.

실천을 위한 Tip

나는 하나님의 성품을 얼마나 믿고 있는지
한주간의 삶을 통해 확인해 보십시오

• 신실하신 하나님
  그런즉 너는 알라 오직 네 하나님 여호와는 하나님이시요 신실하신 하나님이시라 그를 사랑하고 그의 계명을 지키는 자에게는 천 대까지 그의 언약을 이행하시며 인애를 베푸시되(신 7:9)

• 나와 동행하시는 하나님
  볼지어다 내가 세상 끝날까지 너희와 항상 함께 있으리라(마 28:20)

05

선택이라는 것이

🙂 마음열기

1. 하나님의 선택과 인간의 선택이 다른 점은 무엇입니까?

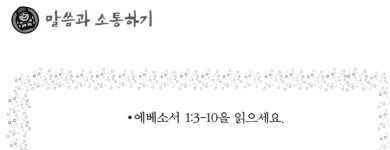

• 에베소서 1:3-10을 읽으세요.

3 찬송하리로다 하나님 곧 우리 주 예수 그리스도의 아버지께서 그리스도 안에서 하늘에 속한 모든 신령한 복을 우리에게 주시되
4 곧 창세 전에 그리스도 안에서 우리를 택하사 우리로 사랑 안에서 그 앞에 거룩하고 흠이 없게 하시려고
5 그 기쁘신 뜻대로 우리를 예정하사 예수 그리스도로 말미암아 자기의 아들들이 되게 하셨으니
6 이는 그가 사랑하시는 자 안에서 우리에게 거저 주시는 바 그의 은혜의 영광을 찬송하게 하려는 것이라
7 우리는 그리스도 안에서 그의 은혜의 풍성함을 따라 그의 피로 말미암아 속량 곧 죄 사함을 받았느니라
8 이는 그가 모든 지혜와 총명을 우리에게 넘치게 하사
9 그 뜻의 비밀을 우리에게 알리신 것이요 그의 기뻐하심을 따라 그리스도 안에서 때가 찬 경륜을 위하여 예정하신 것이니
10 하늘에 있는 것이나 땅에 있는 것이 다 그리스도 안에서 통일되게 하려 하심이라

1. 하나님이 우리에게 주신 신령한 복은 무엇입니까?(3-5)

2. 하나님은 왜 구원을 선물로 주셨습니까? 하나님께 받은 은혜는 구체적으로 무엇입니까?(6-7)

3. 창세 전부터 있었던 나를 위한 하나님의 선택은 누구를 통해서 비로소 이루어졌습니까?(8-9)

4. 이 세상 모든 일의 최종적인 목적은 무엇입니까?(10)

•POINT•

이 세상에 자기 힘으로 태어난 사람은 아무도 없습니다. 하나님이 태어나게 하셨습니다. 구원받은 것도 내 힘이 아니라 하나님이 나를 선택하여 구원을 이루어가시는 것입니다. 이것은 이제부터 나 중심이 아닌 하나님 중심으로 살아야 함을 의미합니다.

말씀과 공감하기

1. 하나님의 가장 큰 비밀은 우리를 그리스도 안에서 하나님의 상속자로 선택하여 구원하신 것입니다. 하나님이 먼저 나를 선택하신 이유는 무엇이라고 생각합니까?(참고, 요 15:16, 엡 2:8-9)

너희가 나를 택한 것이 아니요 내가 너희를 택하여 세웠나니 이는 너희로 가서 열매를 맺게 하고 또 너희 열매가 항상 있게 하여 내 이름으로 아버지께 무엇을 구하든지 다 받게 하려 함이라(요 15:16)

너희는 그 은혜에 의하여 믿음으로 말미암아 구원을 받았으니 이것은 너희에게서 난 것이 아니요 하나님의 선물이라 행위에서 난 것이 아니니 이는 누구든지 자랑하지 못하게 함이라(엡 2:8-9)

삶에 실행하기

1. 내가 하나님을 선택한 것이 아니라 오래 전에 하나님께서 먼저 나를 선택
   하신 것을 나는 어떻게 믿을 수 있습니까? 혹시 구원의 확신이 없고 삶
   이 불안하지는 않습니까? 그렇다면 그 이유를 말해 보십시오.

실천을 위한 Tip

 나의 신앙을 점검하십시오

• 나는 오늘 죽어도 천국에 가는 것을 믿습니다.
  (예. 아니요. 잘 모름)
• 죽으면 주님이 다시 오실 때 부활할 것을 믿습니다.
  (예. 아니요. 잘 모름)
• 나의 소망은 이 세상이 아닌 하나님의 나라에 있음을 믿습니다.
  (예. 아니요. 잘 모름)
• 세상에서 어떤 어려움을 당해도 믿음으로 이길 수 있습니다.
  (예. 아니요. 잘 모름)

06

다 같은 종교라고?

 마음열기

1) 우리나라 종교 비율

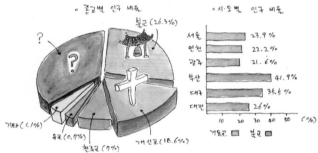

2) 세계 종교 비율

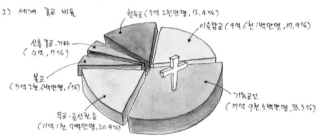

3) 노벨상 종교별 통계

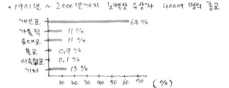

1. 위 자료를 보고 느낀 점을 말해 보십시오.

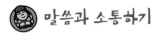 **말씀과 소통하기**

•로마서 1:16-17, 요한복음 3:16-18을 읽으세요.

로마서 1장 16-17절

16 내가 복음을 부끄러워하지 아니하노니 이 복음은 모든 믿는 자에게
구원을 주시는 하나님의 능력이 됨이라 먼저는 유대인에게요 그리
고 헬라인에게로다

17 복음에는 하나님의 의가 나타나서 믿음으로 믿음에 이르게 하나니
기록된 바 오직 의인은 믿음으로 말미암아 살리라 함과 같으니라

요한복음 3장 16-18절

16 하나님이 세상을 이처럼 사랑하사 독생자를 주셨으니 이는 그를 믿
는 자마다 멸망하지 않고 영생을 얻게 하려 하심이라

17 하나님이 그 아들을 세상에 보내신 것은 세상을 심판하려 하심이
아니요 그로 말미암아 세상이 구원을 받게 하려 하심이라

18 그를 믿는 자는 심판을 받지 아니하는 것이요 믿지 아니하는 자는
하나님의 독생자의 이름을 믿지 아니하므로 벌써 심판을 받은 것이
니라

1. 예수를 핍박한 바울이 복음을 부끄러워하지 않고 자랑한 이유는 무엇입
니까?(롬 1:16)

2. 우리가 하나님 앞에서 무엇으로 의인이 됩니까?(롬 1:17)

3. 복음의 내용이 구체적으로 무엇인지 이야기해 보십시오.(요 3:16-17)

4. 복음을 믿지 않는 자에게는 어떤 형벌이 주어집니까?(요 3:18)

•POINT•

진리는 오직 하나입니다. 하나님도 오직 한 분이십니다. 우리가 구원받는 길도 오직
한 가지입니다. 여러 길, 다른 길은 없습니다. 아버지가 한 분이듯이 우리의 구원자
도 한 분 예수 그리스도입니다. 우리는 이것을 '복음'이라고 말합니다. 우리는 복음을
가장 자랑스럽게 생각하며 다른 사람에게 전해야 합니다.

말씀과 공감하기

1. 다른 구원의 길을 인정하지 않고 오직 예수 믿는 것만이 유일한 구원의
   길이 되는 이유는 무엇입니까?(참고, 요 14:6, 행 4:12, 요 3:35-36)

예수께서 이르시되 내가 곧 길이요 진리요 생명이니 나로 말미암지 않고는 아버
지께로 올 자가 없느니라(요 14:6)

다른 이로써는 구원을 받을 수 없나니 천하 사람 중에 구원을 받을 만한 다른 이
름을 우리에게 주신 일이 없음이라 하였더라(행 4:12)

아버지께서 아들을 사랑하사 만물을 다 그의 손에 주셨으니 아들을 믿는 자에
게는 영생이 있고 아들에게 순종하지 아니하는 자는 영생을 보지 못하고 도리어
하나님의 진노가 그 위에 머물러 있느니라(요 3:35-36)

삶에 실행하기

1. 나는 이 시간 예수님을 나의 구원자요 내 삶의 주인으로 진정 받아들입니까? 그리고 예수만이 참 길임을 분명히 믿고 있습니까? 잘 이해가 안 되는 부분이 있습니까?

실천을 위한 Tip

예수만이 살 길입니다

• 내가 믿는 기독교가 유일한 구원의 종교라고 확신하는 이유를 믿지 않는 주변 친구들과 이웃에게 어떻게 이야기하겠습니까?

-확신하는 이유 세 가지

1)

2)

3)

-복음을 전할 사람의 이름을 적으세요.

07

죽음이 두려워요

 마음열기

1. 다음은 죽음에 대한 것입니다. 함께 나누어 보십시오.

   -죽음의 정의, 죽음의 종류, 죽음의 공포가 생기는 이유

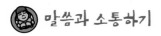 **말씀과 소통하기**

• 마태복음 27:45-54을 읽으세요.

45 제육시로부터 온 땅에 어둠이 임하여 제구시까지 계속되더니

46 제구시쯤에 예수께서 크게 소리 질러 이르시되 엘리 엘리 라마 사박다니 하시니 이는 곧 나의 하나님, 나의 하나님, 어찌하여 나를 버리셨나이까 하는 뜻이라

47 거기 섰던 자 중 어떤 이들이 듣고 이르되 이 사람이 엘리야를 부른다 하고

48 그 중의 한 사람이 곧 달려가서 해면을 가져다가 신 포도주에 적시어 갈대에 꿰어 마시게 하거늘

49 그 남은 사람들이 이르되 가만 두라 엘리야가 와서 그를 구원하나 보자 하더라

50 예수께서 다시 크게 소리 지르시고 영혼이 떠나시니라

51 이에 성소 휘장이 위로부터 아래까지 찢어져 둘이 되고 땅이 진동하며 바위가 터지고

52 무덤들이 열리며 자던 성도의 몸이 많이 일어나되

53 예수의 부활 후에 그들이 무덤에서 나와서 거룩한 성에 들어가 많은 사람에게 보이니라

54 백부장과 및 함께 예수를 지키던 자들이 지진과 그 일어난 일들을 보고 심히 두려워하여 이르되 이는 진실로 하나님의 아들이었도다 하더라

1. 예수님이 죽으실 때 세상에 여러 가지 변화와 기이한 현상이 일어났는데 그것이 무엇인지 말해 보십시오.(45, 51-53)

2. 제9시(오후 3시)가 되어서 예수께서 죽으실 때 크게 무엇이라 소리 지르셨
   는지 적어 보십시오.(46)

3. 예수님의 죽음을 지켜 본 무리 중에 두 종류의 사람들이 있었는데 그들
   이 어떤 사람들인지 말해 보십시오.(47-49)

4. 예수님이 죽으신 이후에 일어난 모습을 말해 보십시오. 또한 백부장은 예
   수님의 죽음을 보고 무엇이라 고백했습니까?(54)

•POINT•

죽음은 두 가지가 있습니다. 하나는 육신의 죽음이요 또 하나는 영적인 죽음입니다.
죄를 지은 인간은 모두 죽습니다. 이것이 육신의 죽음입니다. 그러나 예수를 믿으면
영적으로 구원을 받아 부활하여 영원히 살 수 있습니다. 그것은 예수님을 통하여 하
나님이 우리의 죄를 용서하셨기 때문입니다.

말씀과 공감하기

1. 세상 사람들의 죽음과 예수님의 죽음이 다른 점이 있다면 무엇입니까?(참
   고, 계 14:13, 계 20:6, 요 5:29)

또 내가 들으니 하늘에서 음성이 나서 이르되 기록하라 지금 이후로 주 안에서
죽는 자들은 복이 있도다 하시매 성령이 이르시되 그러하다 그들이 수고를 그치
고 쉬리니 이는 그들의 행한 일이 따름이라 하시더라(계 14:13)

이 첫째 부활에 참여하는 자들은 복이 있고 거룩하도다 둘째 사망이 그들을 다
스리는 권세가 없고 도리어 그들이 하나님과 그리스도의 제사장이 되어 천 년
동안 그리스도와 더불어 왕 노릇 하리라(계 20:6)

선한 일을 행한 자는 생명의 부활로, 악한 일을 행한 자는 심판의 부활로 나오리
라(요 5:29)

삶에 실행하기

1. 만일 오늘 죽음이 나에게 닥친다면 어떤 자세로 받아들이겠습니까? 아울러 예수 그리스도의 죽음은 오늘날 나에게 어떤 유익이 있는지 말해 보십시오.

실천을 위한 Tip

죽음을 준비했나요?

죽음은 순서 없이 찾아옵니다. 죽음을 준비하기 위해 가장 중요한 것은 무엇인지 말해 보십시오. 내가 동의하는 부분에 O표를 해보십시오.

- 나는 예수님을 나의 구원자로 믿습니다.(   )
- 나는 죄값으로 육신의 죽음을 맞이하지만 예수님이 나를 위해 대신 죽으신 것을 믿습니다. 그리하여 죽어도 다시 부활하여 영원히 살 줄 믿습니다.(   )
- 사람은 누구나 죽지만 예수님 안에서 영원히 사는 것을 믿기에 나는 죽음이 두렵지 않습니다.(   )
- 사람이 죽고 사는 것은 하나님께 달려 있음을 믿고 오늘을 최선을 다해서 살아갈 것입니다.(   )

08

메뚜기 콤플렉스

 마음열기

1. 다음 항목에 대해서 사람들은 대체로 어떻게 반응하는지 말해 보십시오.

-일주일의 시한부 삶이 주어진다면?

-재난으로 인해 가족을 모두 잃고 고아가 되었다면?

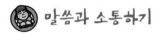

말씀과 소통하기

● 민수기 13:30-14:10을 읽으세요.

30 갈렙이 모세 앞에서 백성을 조용하게 하고 이르되 우리가 곧 올라 가서 그 땅을 취하자 능히 이기리라 하나

31 그와 함께 올라갔던 사람들은 이르되 우리는 능히 올라가서 그 백 성을 치지 못하리라 그들은 우리보다 강하니라 하고

32 이스라엘 자손 앞에서 그 정탐한 땅을 악평하여 이르되 우리가 두 루 다니며 정탐한 땅은 그 거주민을 삼키는 땅이요 거기서 본 모든 백성은 신장이 장대한 자들이며

33 거기서 네피림 후손인 아낙 자손의 거인들을 보았나니 우리는 스스 로 보기에도 메뚜기 같으니 그들이 보기에도 그와 같았을 것이니라

1 온 회중이 소리를 높여 부르짖으며 백성이 밤새도록 통곡하였더라

2 이스라엘 자손이 다 모세와 아론을 원망하며 온 회중이 그들에게 이 르되 우리가 애굽 땅에서 죽었거나 이 광야에서 죽었으면 좋았을 것을

3 어찌하여 여호와가 우리를 그 땅으로 인도하여 칼에 쓰러지게 하려 하는가 우리 처자가 사로잡히리니 애굽으로 돌아가는 것이 낫지 아 니하랴

4 이에 서로 말하되 우리가 한 지휘관을 세우고 애굽으로 돌아가자 하매

5 모세와 아론이 이스라엘 자손의 온 회중 앞에서 엎드린지라

6 그 땅을 정탐한 자 중 눈의 아들 여호수아와 여분네의 아들 갈렙이 자기들의 옷을 찢고

7 이스라엘 자손의 온 회중에게 말하여 이르되 우리가 두루 다니며 정 탐한 땅은 심히 아름다운 땅이라

8 여호와께서 우리를 기뻐하시면 우리를 그 땅으로 인도하여 들이시고 그 땅을 우리에게 주시리라 이는 과연 젖과 꿀이 흐르는 땅이니라

1. 모세는 각 지파 중에서 대표 한 사람씩 선발하여 가나안 정탐 임무를 맡 겼습니다(민 3:17-20). 이들이 돌아와서 보고한 두 가지 내용은 무엇입니 까?(13:30-33)

2. 정탐꾼의 보고를 들은 백성은 어떤 반응을 보였습니까?(1-4)

3. 이때 여호수아와 갈렙은 어떻게 백성을 설득합니까?(5-9)

4. 이 말을 들은 이스라엘 회중은 어떤 반응을 보였습니까?(10)

사람들은 눈에 보이는 것만 보는 습성이 있습니다. 그것은 보이지 않는 하나님을 보는 영적인 눈을 가지지 못했기 때문입니다. 인간의 눈으로 보면 불가능한 일이지만 하나님의 눈으로 보면 불가능이 없습니다. 불가능을 가능으로 보는 믿음의 눈을 기르는 것이 인생 성공의 비결입니다.

말씀과 공감하기

1. 왜 백성은 여호수아와 갈렙의 말을 듣지 않고 열 명의 정탐꾼의 말을 따랐습니까? 가나안 땅을 열두 명이 똑같이 정탐했는데 여호수아와 갈렙은 다른 생각을 했습니다. 그 이유는 무엇이라고 생각합니까?(참고, 막 9:23, 빌 4:13, 히 11:1-2)

예수께서 이르시되 할 수 있거든이 무슨 말이냐 믿는 자에게는 능히 하지 못할 일이 없느니라 하시니(막 9:23)

내게 능력 주시는 자 안에서 내가 모든 것을 할 수 있느니라(빌 4:13)

믿음은 바라는 것들의 실상이요 보이지 않는 것들의 증거니 선진들이 이로써 증거를 얻었느니라(히 11:1-2)

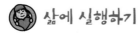 삶에 실행하기

1. 우리가 여러 가지 어려운 상황에 봉착했을 때 이것을 이기기 위해 꼭 가져야 할 자세는 무엇입니까?

실천을 위한 Tip

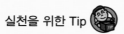

사람마다 어려운 일이 있습니다. 현재 내가 어렵다고 생각한 것이 있다면 무엇입니까? 그것에 대해 나는 어떻게 대처하고 있습니까?

- 현재 나를 어렵게 하는 콤플렉스는 무엇입니까?(   )
- 이것을 해결하기 위한 나의 대처 방안은 무엇입니까?(   )
- 이것을 해결하기 위한 친구들의 조언은 무엇입니까?(   )

09

진단과 분별하기

 마음열기

1. 다음 징후들을 아는 대로 말해 보십시오.

-봄이 오는 징후, 비가 오는 징후, 감기가 오는 징후

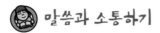 **말씀과 소통하기**

•마태복음 24:3-14을 읽으세요.

3 예수께서 감람 산 위에 앉으셨을 때에 제자들이 조용히 와서 이르되
   우리에게 이르소서 어느 때에 이런 일이 있겠사오며 또 주의 임하심
   과 세상 끝에는 무슨 징조가 있사오리이까
4 예수께서 대답하여 이르시되 너희가 사람의 미혹을 받지 않도록 주
   의하라
5 많은 사람이 내 이름으로 와서 이르되 나는 그리스도라 하여 많은
   사람을 미혹하리라
6 난리와 난리 소문을 듣겠으나 너희는 삼가 두려워하지 말라 이런 일
   이 있어야 하되 아직 끝은 아니니라
7 민족이 민족을, 나라가 나라를 대적하여 일어나겠고 곳곳에 기근과
   지진이 있으리니
8 이 모든 것은 재난의 시작이니라
9 그 때에 사람들이 너희를 환난에 넘겨 주겠으며 너희를 죽이리니 너
   희가 내 이름 때문에 모든 민족에게 미움을 받으리라
10 그 때에 많은 사람이 실족하게 되어 서로 잡아 주고 서로 미워하겠
   으며
11 거짓 선지자가 많이 일어나 많은 사람을 미혹하겠으며
12 불법이 성하므로 많은 사람의 사랑이 식어지리라
13 그러나 끝까지 견디는 자는 구원을 얻으리라
14 이 천국 복음이 모든 민족에게 증언되기 위하여 온 세상에 전파되리
   니 그제야 끝이 오리라

1. 제자들이 예수님께 무엇을 질문했습니까?(3)

2. 예수님은 종말에 일어날 징조에 대해서 자세하게 말씀하고 있는데 그것
은 무엇입니까?(4-12)

3. 마지막까지 구원을 얻는 사람은 누구입니까?(13)

4. 이 세상의 마지막을 알 수 있는 증거는 무엇입니까?(14)

•POINT•

타락한 세상은 결국 하나님의 심판을 받아 멸망하게 됩니다. 하나님은 이미 노아의
방주 사건을 통하여 세상에 심판이 임할 것을 역사적으로 보여주셨습니다. 점점 타
락하고 있는 세상을 보면 이것이 더욱 분명해집니다. 하나님을 인정하고 그분 안에
서 살아가는 것이 심판을 면할 수 있는 유일한 길입니다.

말씀과 공감하기

1. 왜 이 세상은 영원하지 않고 종말이 있습니까? 역사의 종말(예, 죄의 심판, 노아의 홍수 등)에 대한 영적 분별력을 기르기 위하여 특히 십대 시절부터 훈련받아야 하는 것은 무엇이라고 생각합니까?(참고, 롬 6:23, 막 1:15, 딤후 3:1-4)

죄의 삵은 사망이요 하나님의 은사는 그리스도 예수 우리 주 안에 있는 영생이니라(롬 6:23)

이르시되 때가 찼고 하나님의 나라가 가까이 왔으니 회개하고 복음을 믿으라 하시더라(막 1:15)

너는 이것을 알라 말세에 고통하는 때가 이르러 사람들이 자기를 사랑하며 돈을 사랑하며 자랑하며 교만하며 비방하며 부모를 거역하며 감사하지 아니하며 거룩하지 아니하며 무정하며 원통함을 풀지 아니하며 모함하며 절제하지 못하며 사나우며 선한 것을 좋아하지 아니하며 배신하며 조급하며 자만하며 쾌락을 사랑하기를 하나님 사랑하는 것보다 더하며(딤후 3:1-4)

삶에 실행하기

1. 오늘 이 시대를 진단해 보고 나에게 좋지 않은 징후가 있음에도 그대로 지나치는 것은 없는지 찾아 보십시오.

실천을 위한 Tip

멸망하는 사람들

• 악한 사람들이 멸망하는 모습을 역사적으로나 혹은 내 주위에서 찾아 보십시오.

-성경 역사에서:

-일반 역사에서:

-내 주위에서:

내가 이것을 통해 깨닫는 영적 교훈은 무엇입니까?

(   )